TARBÈS, CHIRURGIEN

Aux représentans du peuple CHAUDRON-ROUSSAU *&* DARTIGOEYTE, *à tous ſes concitoyens, & aux comités de ſalut public & de ſureté générale de la Convention nationale.*

DES patriotes purs, de vrais républicains, des ennemis de la faction de Robeſpierre étoient bien éloignés de croire qu'ils feroient incarcérés, après que ce nouveau tyran de la république françaiſe a payé de ſa tête la folle ambition qu'il avoit de régner parmi des hommes libres. Des patriotes de 89 devoient être d'autant plus fondés dans cette idée, que la Convention nationale rendit un décret le   Thermidor, portant que les motifs de la détention feroient communiqués aux réclus, afin que tous les patriotes, & notamment ceux qui avoient été les victimes de la faction de Robeſpierre, euſſent la facilité de briſer leur fers en ſe juſtifiant.

Néanmoins des ennemis particuliers qui m'avoient voué une haine implacable, ne trouvant d'autre moyen de me perdre que celui de me calomnier auprès du repréſentant du peuple Dartigoeyte, parvinrent enfin, le 29 Thermidor, à ſurprendre tout-à-fait ſa bonne foi, ainſi que celle de ſon collegue Chaudron-Rouſſau, & à faire lancer contre moi, & contre trois autres membres de la ſociété populaire de Toulouſe, un mandat d'arrêt.

A

Ce même jour, à huit heures & demie du soir, après avoir soupé chez moi avec ma femme & mes trois enfans, j'apprends que Delpont est arrêté. Ayant fait quelques pas de plus vers la société populaire, Coudere, Hainault, Soulé & Cluzon, me disent que Meilhon & Lapujade ont été conduits aussi aux prisons de la maison commune, & que je dois subir le même sort, mais qu'ils ne sont pas chargés de m'arrêter. Je me consulte un instant ; & comme ma conscience ne me parloit qu'en bien, je les quitte sur la place de la liberté, & je me remets de moi-même en prison. C'est ce qu'ils ont vu, & c'est ce qu'ils peuvent attester. Preuve de mon innocence & de ma soumission aux arrêtés des représentans.

Dans la nuit nous partons pour Auch, sans avoir pu parler à personne, étant accompagnés de quatre gendarmes.

Le premier Fructidor au soir, nous entrons dans la maison de réclusion d'Auch, où nous avons resté jusqu'au 4, sans rien savoir sur notre compte. Ce fut ce même jour, sur les trois heures après midi, que l'on nous remit à chacun un exemplaire de l'arrêté pris le 29 Thermidor, par les représentans du peuple Chaudron-Rousseau & Dartigoeyte, nous concernant.

A la lecture de cet arrêté, je fus bien étonné de voir que mes ennemis aient pu pousser si loin leur scélératesse, en me prêtant des intentions qu'on ne peut raisonnablement soupçonner que chez les plus grands ennemis de la république & les plus grands contre-révolutionnaires.

Cependant, si je traçois ici le tableau de ma vie politique, on me verroit sans cesse en activité depuis le commencement de la révolution, songeant moins à moi qu'à la chose publique, puisque je fis le sacrifice de mon état, d'une partie de mes biens en plusieurs dons, & que j'ai plusieurs fois exposé ma vie en luttant fortement contre l'aristocratie & contre le fédéralisme. La preuve de ce que j'avance se trouve consignée dans plusieurs pieces que j'ai dans mon cabinet, & qui sans doute me seront rendues pour ma défense, après la lévée des scellés.

En attendant, j'invoquerai le témoignage des représentans, tels que Mailhe, Baudot, Chaudron-Rouffau, Paganel, & autres avec qui j'ai travaillé à Toulouse. J'invoquerai encore le témoignage de la société populaire, de toutes les autorités constituées, chacune en particulier, & de tous les patriotes. Je les invite à émettre librement leur vœu & leur opinion sur mon compte : cela est dû à un bon patriote qu'on cherche à perdre.

Maintenant je dois répondre, pour ce qui me concerne, aux inculpations qui me sont faites dans l'arrêté des représentans du peuple. Je vais le faire dans l'ordre qu'elles y sont, & je répondrai toujours aux paroles par des faits.

J'affirme que je n'ai jamais signé aucune dénonciation contre les représentans Leyris & Chaudron-Rouffau. Si cela a été fait, je n'y ai aucune part. Grouffac & Mouquet étoient alors chargés de la correspondance. Ils doivent le savoir mieux que moi. Je dois donc défirer que cette lettre paroisse. Je me rappelle seulement que le comité écrivit au représentant Baudot, lorsqu'il étoit à Agen, pour l'engager à revenir bientôt à Toulouse.

Le comité de surveillance travailloit à cette époque avec les représentans du peuple Baudot & Chaudron-Rouffau. Ce fut pour nous sauver de la fureur des autorités constituées fédéralistes, qu'ils nommerent tous les membres du comité leurs agens civils, attachés à la représentation nationale : cette piece se trouvera parmi mes papiers. ---- Je dois saisir cette occasion pour certifier à la France entière, que ces deux représentans l'ont sauvée du fédéralisme, en coupant à Toulouse le fil de la conspiration, qui, de Toulon, Marseille & Lyon, s'étendoit jusqu'à Bordeaux. Ils n'auront pas oublié avec quelle vigueur je me prononçai contre le fédéralisme, avec un petit nombre de patriotes déterminés. Ce fut notre résolution qui les porta à faire front aux autorités fédéralistes, & à déjouer leurs projets contre-révolutionnaires, en les bravant, & en refusant de se rendre à la municipalité où l'on avoit formé le projet impie de les faire arrêter. Les commissaires envoyés vers les représentans me désignerent à la vengeance des autorités constituées, en leur annonçant qu'ils avoient trouvé, auprès d'eux, le *fidelle Tarbés* qui les encourageoit dans leur résistance.

L'arrêté parle d'une lettre écrite au représentant du peuple Milhaud, relative au ci-devant 26e. régiment de cavalerie. Cette lettre que je n'ai jamais vue, a été faite par Desbarreaux. C'est à lui à dire pourquoi il l'a faite, & pour quelle raison elle a été insérée dans le journal révolutionnaire de Toulouse.

Il s'agit encore d'une autre lettre écrite par le comité de surveillance au représentant du peuple Cavagnac. Je crois que cette lettre, relative à l'arrestation du curé de Lombez, nommé Dupuy, fut écrite pendant mon voyage à Nîmes & à Perpignan. Ce qu'il y a de très-sûr, c'est que je n'ai jamais vu cette lettre; elle m'est donc étrangere. A la vérité, j'en ai entendu parler ensuite comme d'une lettre rédigée par Groussac, qui, quoique maire, venoit & travailloit souvent au comité. Je demande encore que cette lettre soit produite, & l'on verra qui l'a écrite & qui l'a signée.

Quant à une autre lettre envoyée aux représentans du peuple Pinet & Cavagnac, au sujet de Coutanceau, je n'ai pu y prendre aucune part, parce qu'alors je restai quelque temps hors du comité. Je n'ai donc pas connu cette lettre, ni n'ai pu voter pour l'envoi d'un commissaire à Bayonne. J'en appelle à la lettre & à ceux qui étoient du comité. D'ailleurs, je n'ai jamais été lié avec Coutanceau, tout le monde peut le dire.

Lorsqu'il fut nommé des commissaires pour aller au spectacle, la société en étoit d'accord avec la municipalité, qui étoit bien aise d'être aidée pour maintenir l'ordre dans les spectacles, qui étoient fort agités. Au demeurant, je n'ai pas contribué à nommer ces commissaires, & je n'ai jamais été au spectacle sans payer.

Il est très-vrai que le représentant Dartigoeyte, ayant improuvé au spectacle la conduite d'un commissaire de la société, un membre du comité proposa d'inviter le représentant, qui étoit alors à la société, de vouloir bien entrer au comité, en se retirant, afin de lui dire pourquoi il y avoit des commissaires de la société au spectacle. Je pris la parole, pour observer, qu'ayant affaire pour la premiere fois avec un représentant, il convenoit d'envoyer le lendemain une commission chez lui ; que je l'avois vu & entendu parler en bon montagnard à la Convention, au mois d'Août dernier (style esclave), y ayant assisté en qualité de commissaire de ma section. Il passa qu'on iroit le lendemain en commission chez le représentant, & que comme il se trouvoit à la société, il seroit prié d'entrer au comité, qui avoit plusieurs points à lui communiquer. Rome parla dans le même sens que moi. Tous ceux qui y étoient peuvent être interrogés sur ce fait. Je me rappelle que Bonnet, sociétaire, y étoit aussi.

Si Loubers a été maintenu dans la société & dans sa place de juge, ce n'est assurément pas ma faute. Je m'en suis plaint plusieurs fois, & j'en ai été indigné avec Lamarque & Descombels. Comment aurois-je pu soutenir Loubers, d'après son tortueux rapport sur la révolution du 31 Mai ? Certainement si j'eusse été un des meneurs du comité ou de la société, Loubers, & autres fédéralistes n'auroient pas resté en place.

Lorsque le comité de surveillance étoit chargé des arrestations, le comité de sureté de la commune en faisoit aussi de son côté. Ce qu'il y a de certain, c'est que ces comités en ont toujours voulu plus aux ci-devant qu'à tous autres ; & quand on faisoit arrêter des artisans, on y étoit forcé, à cause des dénonciations qu'il y avoit contr'eux. A l'égard des chirurgiens, le comité de la société n'en a jamais fait arrêter aucun ; c'est encore un point sur lequel on a bien trompé les représentans, tout en voulant les indisposer particulierement contre moi.

Je n'ai jamais été au comité révolutionnaire de la commune, qu'après y avoir été appelé avec d'autres du comité, pour y fournir quelques renseignemens qu'on demandoit. (Je porte en preuve les lettres d'invitation du comité révolutionnaire, au comité de surveillance de la société. Elles exisfent en original dans le même comité.) Je n'y ai point voté, je ne l'ai point influencé ; tous les membres peuvent le dire.

Il est encore bien étrange que mes ennemis veuillent faire réjaillir sur moi le ridicule & l'odieux du délibéré de la société populaire, portant que la députation de Haute-Garonne avoit perdu sa confiance, tandis qu'il n'y a eu qu'eux qui aient parlé sur cela ; & sur tant d'autres choses. Je demande à toute la société quels étoient ses orateurs habitués à cette époque ? Je demande aussi à Boyer, à Toulza, à Froidefont & autres, si je ne leur ai pas dit que ce délibéré me paroissoit impolitique, injuste, attendu que nos députés servoient bien la chose publique, puisque la plupart d'entr'eux étoient presque toujours à travailler dans les comités : ce fait sera attesté. Si j'avois été un des meneurs, j'aurois demandé le rapport du délibéré ; mais je n'ai parlé à la société que trois fois dans ma vie, & encore par écrit.

Je ne connois pas le délibéré concernant les cartes pour entrer aux tribunes ; il n'y a qu'à voir sur les registres de la société, qui a fait cette motion, ainsi que la précédente ; c'est bien un sûr moyen de découvrir les meneurs & les intrigans, que de faire attention aux motionnaires & à ceux qui parlent sur toutes les questions qu'on traite à la société.

Quel est mon étonnement d'entendre dire encore que j'ai fortement opiné pour faire incarcérer un artisan ! La plume me tombe des mains.... Je jure sur mon honneur que je n'ai jamais entendu parler d'aucun serrurier. Pourquoi m'attribuer ce que je ne connois pas ? Les trois comités, qui étoient réunis avec le représentant Dartigoeyte, se rappelleront qu'il étoit question d'un ancien négociant, qui avoit signé la pétition fédéraliste. Après la séance, le représentant me toucha la main avec affection. Il y a environ un mois qu'ayant été chez lui avec Lacan, Groussac, Lacroix, Descombels, Boyer, & cinq à six autres membres du comité, je lui donnai aussi des éclaircissemens sur d'autres points, & il parut très-satisfait.

Dans le temps que la plus grande disette des vivres, & sur-tout du pain, se faisoit sentir à Toulouse, certaines personnes se donnoient alternativement des dîners splendides, où je refusai d'aller, ainsi que Delpont, jusqu'à ce qu'il y eût du blé nouveau. C'est peut-être pour avoir tenu ma parole, qu'ils m'ont de plus fort persécuté ; dumoins le reproche qu'on me fait d'avoir soupé au jardin de Cambon, & qui appartenoit alors à la femme de Guinet, semble bien l'annoncer.

S'il est faux & très-faux que j'aie soupé chez Delpont, il est très-vrai que les employés & les officiers de santé de l'hôpital furent célébrer à ce jardin la fête du 10 Août, fête très-chere à tous les républicains ; & si j'y fus, c'étoit parce qu'alors il y avoit du grain nouveau. Mais si Hugueny, qui y mena quatre ou cinq femmes, avoit raconté fidellement, il auroit dit que je mangeai un morceau sur une caisse d'oranger, avec Faure, chirurgien de troisieme classe, & un autre, au lieu de me mettre à table avec des aristocrates qui s'y étoient glissés, & que Hugueny connoissoit bien. Mais chaque jour n'étoit pas le 10 Août pour moi.

Mes ennemis, toujours ingénieux à créer des mensonges, ont persuadé aux représentans que j'avois fait de mon patriotisme un moyen de fortune. Pour prouver le contraire, je dois dire qu'avant la révolution j'avois deux maisons ; que je travaillois assez de mon état, sur-tout pour les maladies vénériennes, & qu'il étoit dû à ma femme 2000 liv., dont sa sœur lui payoit les intérêts.

Dès le commencement de la vente des biens nationaux, j'en achetai, je n'en ai point revendu, & en tout je n'ai aujourd'hui que vingt-sept à vingt-huit arpens de terre, sur quoi je dois encore 12000 liv. ; savoir, 4000 l. par acte passé cette année pardevant Pratviel, notaire ; 5000 liv. à Martin, architecte, pour sept arpens de terre, par acte public ; enfin, 3000 & quelques cent livres que je reste à la nation d'un pré de trois arpens. Outre ces 12000 l., je dois encore 1000 l. à mon frere du reste de sa légitime, autant à ma sœur, & 1200 liv. à mon cousin Lanaspeze, tapissier à Montpellier. Voilà comment j'ai fait fortune dans la révolution ; car il est très-aisé de vérifier ce que j'avance. Voilà comme on trompe les représentans, quand on n'est guidé que par l'esprit de rage & par celui de me nuire.

Ce n'est pas tout ; on a fait croire aux représentans que j'avois fait créer pour moi une place lucrative. Je réponds à cela que la place étant créée l'année derniere par Hion, alors commissaire-ordonnateur, d'après un travail qu'il avoit fini sur les hôpitaux militaires des Pyrénées, Groussac me dit : *veux-tu cette place ou celle de Camy destitué ?* Comme Camy étoit mon ami, je ne pris pas sa place ; c'est un fait que Groussac peut attester, ainsi que Hion qui est à présent à Paris.

Outre l'hôpital vénérien, je me chargeai de celui des convalescens, sans avoir un liard de plus. Que l'on s'informe avec les malades & avec tous ceux qui tiennent à ces hôpitaux, si j'y ai fait mon devoir. J'étois chargé encore de toutes les prisons militaires, & de visiter tous ceux qui demandoient des congés. C'est ce que peut attester le commandant de la place. Ce travail, qui est très-épineux, ne m'a jamais embarrassé ; je l'ai fait avec plaisir & sans autre intérêt que celui de me rendre plus utile à la chose publique.

Ici va se voir dans son entier le projet réel qu'ont formé mes ennemis de me perdre. A peine la nouvelle du supplice de Robespierre fut arrivée à Toulouse, que plusieurs patriotes se rendirent au comité de surveillance de la société pour y voir les détails de cette grande nouvelle. Après qu'on y eut tout lu, Sorbets dit : *il faut tenir de suite une séance, pour instruire le peuple qui semble alarmé sur cet événement.* Groussac reprit qu'on ne pouvoit pas la tenir sans consulter les représentans. J'observai à Groussac *que nous pouvions nous en dispenser, & qu'à coup sûr les représentans ne manqueroient pas de répondre que la Convention nationale avoit laissé au peuple souverain le droit de se réunir en société populaire.* Voilà ce que je crois avoir dit ; voilà ce que peuvent se rappeler Sorbets, Lacan, Boyer, Cluzon, Bellecour, Froidefont, Linard, Clauzoles, Bergés & autres, ainsi que Groussac. J'ajoutai qu'il falloit communiquer ces nouvelles aux représentans, ce qui fut fait.

Quels sont donc ces hommes si courts de mémoire, ou si disposés à déguiser la vérité en dénaturant les faits ? Qui pourroit croire que moi, qui manifestai du premier instant ma joie sur le supplice de Robespierre, ait été capable de dire alors que nous n'avions plus besoin des représentans ? Cela est trop contradictoire à mes principes & à la circonstance. C'est tout ce qu'auroit pu dire un Robespierriste, même du vivant de son idole, & l'on peut bien juger par mon discours du 19 Messidor, si je l'étois (1).

On nous reproche à Delpont & à moi de nous être maintenus dans le comité de surveillance tant que nous avons pu. Quand nous eûmes appris qu'on nous avoit calomniés auprès du représentant du peuple Dartigoeyte, nous nous retirâmes du comité, & nous donnâmes par là une nouvelle preuve de notre soumission à la représentation nationale, en attendant que nous pussions dissuader le représentant sur notre compte. Nous nous confions franchement à Groussac, pour qu'il nous en facilite bientôt l'accès ; mais en vain, puisque cela n'a eu lieu, même sans son entremise, qu'environ deux mois après, c'est-à-dire, quand on eut encore plus indisposé le représentant contre nous.

A peine son collegue Chaudron-Rousseau fut-il arrivé dans Toulouse, que nos ennemis s'empressèrent de nous noircir auprès de lui, & ils savoient bien pourquoi. Quelle tactique ! Quoique dans les fers, je suis encore assez généreux pour ne pas les nommer, persuadé qu'ils ont une conscience, qu'ils la consulteront, qu'ils rendront justice à la pureté de nos intentions, & qu'enfin guidés par un mouvement naturel, ils employeront tous leurs moyens pour nous rendre à la liberté, pour laquelle nous avons fait avec eux tant de choses.

_____

(1) Ce discours sur la faction de Robespierre, d'après un délibéré de la société, fut lu le lendemain au temple de la raison, imprimé, distribué & envoyé aux sociétés affiliées. On m'a assuré que ce discours avoit redoublé la rage de mes ennemis. Quoi qu'il en soit, pour rectifier ce qui a été transmis aux représentans, & pour me mettre à même de recouvrer leur estime, j'invite & je prie très-instamment tous ceux qui étoient présens à cette scene, après la lecture des nouvelles dans la salle du comité, de vouloir bien se réunir pour déclarer par acte public la vérité sur ce fait : cela m'est très-important.

Tous les éclaircissemens que je viens de donner sont fondés sur la vérité la plus exacte : j'invoque ou des écrits, ou des témoignages non équivoques.

Enlevé inopinément à une famille sans fortune, qui a besoin pour son existence du fruit de mes sueurs, calomnié dans mes sentimens, attaqué par des ennemis perfides qui me déchirent dans les ténèbres, j'aurai toujours pour moi la force encourageante de la vérité, & contre eux la lâcheté de leurs manœuvres. On peut bien surprendre un instant l'opinion publique & la religion des représentans. On peut bien faire gémir quelque temps le civisme par des persécutions atroces ; mais son triomphe en devient plus infaillible. L'autorité éclairée détourne ses coups, les fait porter sur les têtes coupables, & s'empresse de rendre à l'innocence, d'abord méconnue, l'estime générale & la bienveillance des bons citoyens.

TARBÉS.

De la maison commune d'Auch, le 7 Fructidor, seconde année républicaine.

A TOULOUSE,

Chez la veuve DESCLASSAN, Imprimeur du District & de la Municipalité.

www.ingramcontent.com/pod-product-compliance
Lightning Source LLC
Chambersburg PA
CBHW071442060426
42450CB00009BA/2277